अंधेरों के साए में

डॉ. अनु सोमयाजुला

सर्वाधिकार © 2023 डॉ. अनु सोमयाजुला

यह काव्य की कृति है। लेखक अपनी बौद्धिक संपदा के मालिक के रूप में पहचाने जाने के अपने नैतिक अधिकार का दावा करता है।
सर्वाधिकार सुरक्षित

प्रथम संस्करण: जून 2023
भारत में मुद्रित

टाइप : कोकिला

ISBN: 978-93-90267-93-4

आवरण रचना: डॉ. अनु सोमयाजुला

प्रकाशक : स्टोरीमिरर इंफोटेक प्राईवेट लिमिटेड,
7वीं मंजिल, एल तारा बिल्डिंग,
डेल्फी बिल्डिंग के पीछे, हीरानंदानी गार्डन,
पवई, मुंबई, महाराष्ट्र - 400076, भारत।

Web: *storymirror.com*
Facebook: *@storymirror*
Instagram: *@storymirror*
Twitter: *@story_mirror*
Contact Us: *marketing@storymirror.com*

इस प्रकाशन का कोई भी हिस्सा, इलेक्ट्रोनिक, मैकेनिकल, फोटोकॉपी, रिकॉर्डिंग या अन्यथा द्वारा, के रूप में या किसी भी तरह, लेखक की पूर्व अनुमति के बिना, पुनरूत्पादित, हस्तांतरित, या किसी भी पुनर्प्राप्ति प्रणाली में संग्रहित नहीं किया जाना चाहिए।

अंधेरों के साए में पलते उजास के नाम...

हृदयपूर्वक आभार सभी स्नेही स्वजनों का
जिनका उन्मुक्त प्रोत्साहन सदा प्रेरणा स्रोत रहा।

आभार शब्दों को पुस्तक का कलेवर पहनाने में
स्टोरीमिरर के निरंतर प्रयास का।

दूर देखो टिमटिमाया दीप एक
ओ अंधेरे के मुसाफिर उसके आगे घुटने टेक

'अंधेरे का मुसाफिर – सर्वेश्वरदयाल सक्सेना'

प्रस्तुत संग्रह.....

वर्ष 2020 कोविड की मार से चरमराए आर्थिक ढांचे और अस्त - व्यस्त सामाजिक जीवन से जूझते बीता। साल के अंत तक हालात के कुछ सुधरने के आसार दिखने लगे। वर्ष 2021 का स्वागत आशा की किरणों के साथ हुआ। सामाजिक जीवन कुछ कुछ पटरी पर लौटने लगा। स्कूल, कॉलेज, दफ्तर आंशिक रूप से खुलने लगे। सड़कों पर फिर चहल - पहल दिखाई देने लगी। लगता था कि बीते साल के अंधेरे अब छंटने को हैं।

किंतु होनी की मंशा कुछ और ही थी। कोरोनावायरस भी अपनी ही तरह का ढीठ निकला। लोगों का चैन की सांस लेना उससे देखा न गया। यहां - वहां, यदा - कदा सिर उठाने लगा; मानो कहना चाहता हो "मुझे भूलना आसान नहीं और मैं यह होने भी नहीं दूंगा।" कहीं हल्की सी दस्तक देता तो कहीं कहर बरपाता। देखते - देखते कोविड की दूसरी लहर ने विकराल रूप धारण कर लिया। फिर वही वातावरण में घुलता डर, अपनों के बिछड़ने का दर्द, आशंकाओं में घिरा भविष्य और पाबंदियों के बोझ तले अस्त - व्यस्त सामाजिक जीवन।

ऐसे में स्टोरी मिरर ने इन विकट, विषम क्षणों को शब्दबद्ध करने का सुनहरा अवसर मुहैया कराने का बीड़ा उठाया – 'चित्र पर लेखन' प्रकल्प के माध्यम से। ख़ुद मेरे लिए यह पहला और अनोखा अनुभव रहा। 01 मई 2021 से 31

मई 2021 के बीच रोज़ एक नया चित्र (प्रॉम्प्ट) दिया जाता जिसके आधार पर अपनी बात कहनी होती। अनिश्चितताओं से घिरे मन की बात, भीतर - बाहर गहराते अंधेरों से डरे हुए मन की बात, आशंकाओं की जकड़ती ज़ंजीरों से छूटने को छटपपटाते मन की बात, बिखरते रिश्तों को जीने की बात! किंतु नियति कभी हार नहीं मानती न आदमी की जिजीविषा को हार मानने देती है। सुरंग के सिरे पर उजाला होता ही है। अंधेरे की अभ्यस्त आंखों को अक्सर अदेखी रोशनी का भास होता है। घनी काली रातों में एक जुगनू की चमक भी उम्मीद जगाती है। बिखरते विश्वास पर कोई अनजाना स्पर्श स्नेह का लेप लगा जाता है। ज़िंदगी छोटी - छोटी ख़ुशियों में बसती है, छोटे - छोटे उजालों में छलकती है।

अंधेरों और उजालों की आंख मिचौली की बात हर तस्वीर ने अपने अंदाज़ में कही, अपनी क्षमतानुसार मैंने गुनी और शब्दों में पिरोकर आप तक पहुंचाने का प्रयास किया। चित्र प्रमुख हैं, नायक हैं और शब्द गौण इसलिए मैंने कविताओं को शीर्षक नहीं दिया। ज़िंदगी को शब्दों की सीमा में बांधने का यह दुस्साहसपूर्ण प्रयास सुहृद पाठकों की अपेक्षाओं की कसौटी पर खरा उतरेगा इसी आशा के साथ.....

डॉ. अनु,
फरवरी 2023

अनुक्रमणिका

आना तुम
साथिया साथ निभाना तुम।

माना राहों में अनगिन रोड़े हैं

पत्थर भी क्या हमने कम तोड़े हैं,

अनजानी पगडंडी पर

हल्के ही सही

अपने निशान हमने भी छोड़े हैं;

आना तुम

संग कदम कुछ चलना तुम।

जो धूल उड़ रही राहों में

कुछ आकर बस जाती है सांसों में,

मिट्टी कह लो या धूल कहो

अनचाहे ही कभी - कभी

कुछ चुभ सी जाती है आंखों में;

आना तुम

कुछ नेह यहां बरसाना तुम।

रिश्ते जो पीछे छूट गए
कुछ रिश्ते जो हमसे रूठ गए,
खट्टे - मीठे पल जीते - जीते
पल - पल, तिल - तिल कर
कितने ही दिल हैं जो टूट गए;
आना तुम
इन रिश्तों को सहलाना तुम
साथिया साथ निभाना तुम।

माना कि

तुम हो सशक्त बड़े

प्रकृति की राहों में रहे सदा अड़े।

जो कुछ उठता है ऊपर

आख़िर नीचे ही आ गिरता है

नियम अटल यह बोलो कैसे भूल चले!

परिवर्तन प्रकृति की रीत रही,

कल तुम थे मुझ पर भारी

अब मेरी है बारी;

'हर कुत्ते के दिन आते हैं'

कैसे तुम भूल चले!

प्रॉम्प्ट 03

देर रात
बेमन से टहल रहा
अपनी चिरपरिचित गलियों के
निविड अंधकार में
कल का सूरज कैसा होगा
प्रश्न लिए अंतस में!

यह क्या
घुल रही कालिमा रात की सहसा
स्निग्ध, सौम्य, अलौकिक प्रकाश में,
दिव्य ज्योति स्तंभ से घिरा
विस्मित, जड़वत रह गया
स्वयं एक प्रश्न चिह्न सा खड़ा;
सोचता रहा क्या मैं खो गया
दिवास्वप्न में!

अब देख रहा मैं

अगणित भूखी, हिंसक, लोलुप आंखों को

उजास की इस लक्ष्मण रेखा के पार

मुझ तक न पहुंच पाने की

अपनी असमर्थता पर खीजती हुई;

क्या सच ही मैं अब तक अनजान रहा इनसे

क्या निर्बुद्धि मैं कहाया इसी से!

भ्रम टूटा, अच्छा हुआ

मोह - नेह के बंधन छूटे, अच्छा हुआ

ऋणमुक्त हुआ अब

चलता हूं अपनी यात्रा पर

उस धरा की खोज में

जहां आंखें अभी तक पथराई न हों

वाणी वही कहे जो सोचती हो

मन खिले हुए

हृदय मिले हुए हों

भेड़ की खाल ओढ़े कोई भेड़िए न हों।

समय

घड़ी का कांटा नहीं

कि रोके से रुक जाए।

मुर्गे की बांग नहीं

सूरज का उगना तय है

सुबह होती है,

चांद दिखे ना दिखे

रात का होना तय है

रात होती है।

समय

अखंड, निरंतर गतिमान,

निशि - दिन का चक्र घूमता अविराम;

तोड़ कर घटकों में, घड़ियों में

समय को बांधने के

अनादिकाल से किए हमने कितने ही

निष्फल प्रयास!

अशरीरी, ईथरी समय
अपनी गति चला करता है।
न होकर भी
सदैव हमारे आस - पास रहता है,
तुमसे मेरा नहीं
मुझसे तुम्हारा अस्तित्व है
बोध यही निरंतर कराता रहता है।

प्रॉम्प्ट 05

रात का गुज़रना ही काफ़ी है
सुब्ह का निकलना ही काफ़ी है

अंधेरों के सायों का डर न हो
जुगनुओं की चमक ही काफ़ी है

चराग़ न जलें, कोई बात नहीं
चराग़ों की बात ही काफ़ी है

रोशनी रहे न रहे राहों में
धुएं का साथ ही काफ़ी है

जिन्नात को किसने देखा है
जिन्नात का ज़िक्र ही काफ़ी है

 डॉ. अनु सोमयाजुला

प्रॉम्प्ट ०६

उदास मत होना प्रिये

तुम्हें कसम है -

कि हमने प्यार किया है।

उदास मत होना प्रिये

माना हमने कौल लिया था

हाथों में हाथ लिए जीवन भर चलने का,

सांसों में घुलने का

आंखों में बसने का

सपनों को जी भर कर जीने का;

चटखती धूप में

इक दूजे का साया बनने का

इक छाते के नीचे

बारिश को झेलने का,

सर्दियों की ठिठुरन को प्यार से ओढ़ने का।

कौल लिया था हमने
होंठों की हंसी को चुकने न देने का
आंखों की नमी को सूखने न देने का
दिल को टूटने न देने का
एहसासों को रूठने न देने का।

उदास मत होना प्रिये
न चाहते भी
दूरियां -
उग आई हैं नागफनी के जंगल सी,
पल रही हैं आंखों में
न देखे जा सकने वाले सपनों सी,
घिर रही हैं
न बरसने वाले बादलों सी,
चुभ रही हैं
आंख की किरकिरी सी,
घुट रही हैं
होंठों में बंद छटपटाती हंसी सी,
छा रही हैं
मन के कोने में घर किए मायूसी सी।

उदास मत होना प्रिये
तुम्हें कसम है -
आंसुओं को सहेज कर रखना
कि गिरने से पहले
थाम सकूं मैं अंजुरी में;
कसम है -
होंठों पर पपड़ियां न जमने देना
कि मेरे छूते ही
ख़ून की बूंदें टपकने लगें।

कसम है -
सपनों को देना पंख नए
कि हम उन्हें उड़ा सकें परिंदों की तरह
खुले आसमान में,
सांसों की बेबसी को भी
घोल दें हवाओं में।
उदास मत होना प्रिये
तुम्हें कसम है।

आओ फिर कौल लें
कनबतियां कहते
हाथों में हाथ लिए बैठे रहें रात - रात भर
मुंडेर पर,
चल पड़ें उजली पगडंडी धर
उस अनजान सफ़र पर
जिस पर साथ - साथ चलने का कभी
हमने कौल लिया था।

उदास मत होना प्रिये
तुम्हें कसम है -
हमने प्यार किया है।

प्रॉम्प्ट ०७

पैसा अपना खेल दिखाता

ख़ूब नचाता।

कभी दौड़ते हम उसके पीछे

कभी खींचता वह

हमको पीछे,

सिक्के की खनक कभी वह बनता

कभी नोट की वह

चादर बुनता,

कैसे कैसे प्रपंच रचाता

ख़ूब नचाता।

कभी मुट्ठी में बंधता वह
कभी
बंद मुट्ठी से रेत सा फिसलता,
कभी बुलाता दूर खड़ा
और कभी
भंवरा बन सर पर है मंडराता,
आंख मिचौली खेला करता
ख़ूब नचाता।

जानो
पैसा है कटी पतंग सा
दौड़ा करते हम धरने,
छलांग लगाते, कभी उछलते
लहराती डोर थामने,
रातों की नींद नहीं
दिन का भी चैन गंवाते,
हम मुंह की खाते, वह हंसता जाता
ख़ूब नचाता।

रिश्तों में हो रहा अबोला

कल जो अपना था परे जा रहा ठेला,

अनजानों की भीड़ हुई

बेगानों का अब लगता मेला,

भीख की कटोरी में हो या तिजोरी के तालों में

भूखे की जो भूख मिटा ना पाता

पैसा

मिट्टी का ढेला ही कहलाता

पैसा अपना खेल दिखाता, ख़ूब नचाता।

सोचो, गर ऐसा हो पाता
धरती उग पाती
आंगन के गमलों में!

ऐसा गर हो जाता
रंग देते
नीले सर सागर,
हरियाले सुंदर जंगल,
पहले अपना देश उकेरते
फिर चारों ओर विदेश बसाते।

ऐसा गर हो जाता
गमलों में ममता की मिट्टी भरते,
नेह प्रीत की खाद डालकर
प्रति दिन सींचा करते।
चित्र खींचते

जौ, जवार, धान के खेतों का
आम, नीम के बाग़ों का
अमराई के झूलों का
फूलों का, कलियों का
तितली, भौंरे, पंछी और हवाओं का।

ना भुखमरी होती, ना बीमारी
ना आती आंधी, तूफानों की बारी
हर संकट से उसे बचाते
जब भी मन होता
चित्र नए बनाते, रंग नए सजाते।

सोचो, गर ऐसा हो पाता
धरती जो उग पाती
गमलों में
आंगन - आंगन में धरती होती,
ना ही मेरी, ना ही तेरी
बस, अपनी होती;
टुकड़े - टुकड़े होने का फिर दर्द न सहती
ना रोती
सोचो, ऐसा गर हो पाता।

जानती हूं मां

जिस दिन तेरे गर्भ में मेरा बीज पड़ा था

तू हर्षाई थी,

मेरे दिल की पहली धड़कन

जब तेरे दिल को छूकर

मुझ तक आई थी

मैं भी तो हुलसाई थी;

मेरी नन्ही काया को हाथों में थामे

तुम जाने क्या बोला करती थीं!

दादी के लिए

तुम बस, उनके बेटे की ब्याहता रहीं;

पापा के लिए भी

तुम कमला, बिमला, इंदु या बिंदु नहीं

बस

'ए जी, सुनो जी' ही रहीं;
दिन भर 'जी, जी' कहतीं
पर भैय्या से, दीदी से, मुझसे
बातें करते ना थकतीं।

तुम घर की श्री रहीं,
सबके जीवन की
धुरी रहीं।

तुम्हारा चौका हमारा किला होता
दादी, पापा की घुड़की से
बचकर हुड़दंग मचाने का मैदां होता,
होड़ लगाते
कौन पर्त रोटी की पहले खोलेगा
तुम सचेत
माथे के पसीने की बूंद न पड़ जाए
बेली जाती रोटी पर
कुछ हिस्सा रह जाएगा बिन फूला
पर्त न उघड़े तो
हममें से कोई हारेगा।

भैय्या - भाभी, फिर दीदी, अब मैं भी
अपने - अपने ठौर बसे,
तुम बैठे - बैठे
ताका करती हो सूने कमरों को;
अनमनी सी डाला करती हो
पापा की थाली में फूली रोटी को।
पापा के देखतीं,
न देखतीं
अपने बालों की चांदी को;
यदा - कदा बुलाया करतीं
हम को
कुछ पल साथ बिताने को
सूना घर भर जाने को।

भूले से ही हम आते अब
हाथ बढ़ाते
छूने पांव तुम्हारे,
पपड़ाए पांव नहीं
चांदी की पायल ही दिखलाई देती
जाने किसके हिस्से में आएगी
सोचा करते।

चौके की गर्मी से, फूली रोटी से

पापा की चुप्प निगाहों से

तुम्हारी मनुहारों से

जल्दी ही सब उकता जाते,

झुकी हुई आंखों में चांदी की पायल भर

संग ले जाते।

अपनी खिड़की पर बैठे

सोच रही हूं

तुम ही को तो मैं सालों से जीती आई हूं मां!

तुम

जब तक अपना सर उठाने की फुर्सत पातीं

सारी खिड़कियां बंद हो रहतीं,

मैं जब भी देखूं

बस खुली खिड़कियां ही मिलतीं

इतना ही तो बदला है

इन बीते सालों में,

मेरी, या तुम्हारी नहीं

हर मां की यही कहानी है।

गर्भ में पलते शिशु का पहला पदाघात
यही चेताता है
आश्रय को,
आश्रयदाता को लतियाना
चरम सत्य है,
पर मां का दिल कब मानता है!

पूछा जाए गर मां से
क्या पाया, क्या खोया तुमने
शायद वह कह दे –
जग पाया पर
रोने का हक़ खोया मैंने!!

 डॉ. अनु सोमयाजुला

प्रॉम्प्ट १०

कड़ियां बनती हैं
गर्म लोहे को
पीट - पीटकर, तोड़ - मरोड़ कर;
कड़ी से कड़ी जोड़ते
पतली, मोटी
नाज़ुक, तगड़ी,
ज़ंजीर बनाते हाथों को
देखा है!

सिर्फ़ चेहरा नहीं
समूचा अस्तित्व तपता है
उस धौंकनी सा
जिसमें लोहे की सलाख पिघलने की
सीमा तक
तापी जाती है,

एक आकार, एक आयाम देने को हथौड़े से
बार - बार पीटी जाती है;
उस चेहरे की
तपिश को
हाथों के फफोलों को
देखा है!

आग
पी चुकी हैं आंखें,
धुआं
सोख चुकी हैं सांसें,
अचक अचानक
निर्जीव पड़ी ज़ंजीर पर
आप ही उग आईं
शाखाएं, प्रशाखाएं
चल पड़ी ज़ंजीर
फ़िर आंगन की सीमा तोड़;
उन डरी, सहमी आंखों को
थमती सांसों को
देखा है!

निकल पड़ी है ज़ंजीर
अपने सफ़र पर
गली, गांव, देश, और विश्व को
बंधक बनाती;
आदमी को
आदमीयत को
समाज को
संस्कृति को
बांध अपने लौह पाश में
अट्टहास करती, उंगलियों पर नचाती।

इस सर्वहारा
आक्रामक ज़ंजीर को
देखा है!

कभी
बनी है बेड़ी उठते पांवों की,
कभी हथकड़ी
आसमान को छूते हाथों की,
घोंटा है दम
हलक से निकलती चीखों का,
ताले डाले हैं
कभी उठती आवाज़ों पर,
पर्दे डाले हैं
आंखों में पलते सपनों पर।

आदिम सोच सी
इस ज़ंजीर की कड़ियों को तोड़ते
लोहू लुहान हाथों को
देखा है!
ज़ंजीर बनाते हाथों को
देखा है!!

प्रॉम्प्ट ११

पापा

देखो मेरा रोबोट क्यों चुप है

बातें तो ना करता

पर कल तक

मुझसे खेला तो करता था;

अब चुप है।

ख़ूब हिला - डुला कर देखा

फ़िर - फ़िर भर डाली चाबी भी,

ना चलता फिरता

ना हाथ हिलाता

कल तक तो सब कुछ करता था;

अब चुप है।

मैं तो बड़ा हो गया
यह छोटा था छोटा ही रहा,
हाथ पकड़ ना पाऊं
घुटनों पर ही उसके संग चल पाऊं;
पर यह मेरा सच्चा साथी था
अब चुप है।

इसको थोड़ा बड़ा कर देना
मेरा कंधा छू जाए बस इतना,
कुछ लचक भी
इसके हाथों में भरना
थोड़ी हंसी गले में भरना, पर इसको
चुप ना रखना।

हाथों में हाथ दिए
तब घर भर में हम घूमेंगे
इक दूजे के कंधे पर हाथ धरेंगे
ख़ूब हंसेंगे
ख़ुश देख हमें तुम भी मुस्काना;
पापा इसको
अब चुप ना रखना।

 डॉ. अनु सोमयाजुला

दिल के टूटने का ग़म क्या करें
टूटता कांच भी है
पत्थर भी
दिल भी
टूटना था, टूट गया।

कांच की बिखरी किरचियों से
पत्थर की टूटी चिप्पियों से
दिल के टूटे टुकड़ों से
उठते टीस की बात अब क्या करें
दर्द होना था, हुआ।

कांच और पत्थर से
बच निकलने की बात
आदमी सोच सकता है
टूटे हुए दिल की अब बात क्या करें
रोना लाज़िमी था, हुआ।

ऐसा कुछ हो जाए
कि -
दूर क्षितिज पर एक सितारा टंक जाए,
कि -
अंधेरी राहों को बस एक जुगनू ही
रोशन कर जाए,
कि -
थके हुए मन को
स्नेह की सेंक मिल जाए,
कि -
चलते - चलते अलसाए पांवों को
कोई सहला जाए।

ऐसा कुछ हो जाए

कि -

परेशान मन का तार कोई बिना कहे छू जाए,

कि -

एकाकी उदास मन को दूर

क्षितिज पर टंगा

उम्मीद का, विश्वास का, नेह का

सितारा दिख जाए,

कि -

साथ ना होकर भी किसी के साथ होने का

एहसास हो जाए

ऐसा कुछ हो जाए।

प्रॉम्प्ट १४

मृत्यु अटल है
मृत्यु का उपहास क्यों!

जन्मते ही बंध चुकी डोर मृत्यु से
आती - जाती सांस
मांगती रही कुछ डोर, मृत्यु से
जीने की लालसा
'कुछ पल और' कहती रही मृत्यु से;
भीख मांगते ही जिए
फिर मृत्यु पर
विजय का अट्टहास क्यों!

 डॉ. अनु सोमयाजुला

निशि वासर बीते
संचित करते सोना, चांदी, माणिक, मोती
करते आए
जीवन भर सिक्कों की खेती;
कोए के कीड़े को
रेशम के धागों में लिपटे ही मर जाना है
जान कर भी
मृत्यु से परिहास क्यों!

अंधेरे बंद कमरों में उतर आती हैं
परछाइयां
दीवारों से रेंगती हुई
बैठ जाती हैं
मेरे सामने चुपचाप
ताकती रहती हैं मेरा पीला पड़ा चेहरा;
धीरे - धीरे
सरकती हैं मेरी ओर
आंखें फटी रह जाती हैं मेरी
शरीर निष्प्राण
शब्द नहीं फूटते सूखे गले से
परछाइयों की सरसराहट से भर उठता है
कमरे का बोझिल मौन।

अचानक परछाइयां बदलने लगी हैं
डरावनी शक्लों में
उग आती हैं।
जलती हुई आंखें
इन डरावने चेहरों पर
मुझ तक की दूरी नापने को आतुर
चाबुक सी लहराती बाहें
दबोचने को तत्पर बेडौल हथेलियां
मोटी - मोटी उंगलियां नुकीले नाख़ूनों
के शस्त्र लिए,
और उगते हैं
थिरकते, बेडौल, कंकाल से पांव।

मैं अब भी निस्पंद
इन शक्लों को कोई नाम
कोई पहचान देने की असफल कोशिश करते
कि
पूछ सकूं प्रयोजन
मेरे कमरे में आने का
इस आक्रामकता का!

दिन भर की आपाधापी में
अपने लिए
कुछ वक़्त न निकाल पाने की कुढ़न
मनचाहा न पाने की चुभन
टूटते हौसलों का दर्द
बिखरते रिश्तों को न समेट पाने की तपन;
मेरी निराशाओं की
नकारात्मकताओं की गठरियां
दबी रही थीं जो सालों से अंधेरे कोनों में
आज उतर आई हैं मैदान में।
मेरी घुटन के
काले चमकीले बुलबुले फूट रहे हैं
अंग - अंग से,
जा मिले हैं इन डरावनी परछाइयों से।

अनगिनत हाथ बढ़ रहे हैं
मेरी ओर
मेरे अपने ही अंश।
मैं निस्सहाय, निरुपाय
आस्था की, विश्वास की, रोशनी की
एक किरण थामने को तत्पर
कि हरा सकूं
परछाइयों को,
भीतर - बाहर के अंधेरों को।

<hr>

समय से पहले

बूढ़ी हो चुकी बेडौल, खुरदरी हथेली पर

कुछ रखूं

इससे पहले मन किया

इसे धो लूं

(शायद मदर टेरेसा का कुछ अंश उतर

आया था अंतस में)

पर

हथेली खुरदरी थी, खुरदरी ही रही।

सालों से

पर्त दर पर्त जमती धूल की पपड़ियां

झटके से

उतारी भी तो नहीं जा सकतीं

न धूल सनी हथेली से

न ही पांव पड़ी बिवाई से।

मेरी भी ज़िद रही
कि हथेली की रेखाओं को देखूं,
देखूं
जीवन की रेखा गहरी है
या भाग्य की!

एक - एक पपड़ी उतारती रही
हल्के हाथों से
कि कहीं मेरी लापरवाही
सालों से दबी छुपी लकीरों को
ख़ून से न रंग जाए।

किंतु
धूल की परतों के नीचे
साफ़ हथेली पर
उभरा
एक शब्द
'भूख!!'

डरा हुआ है आदमी, डरा रहा है कोरोना
ठहरा हुआ है आदमी, घूमता है कोरोना

बंदिशें हैं सांस पर, है हवाओं में कोरोना
आंख की सुर्खियों में ढल रहा है कोरोना

फासले ही बढ़ाओ या गले मुझको लगाओ
फैसले का हक़ तुम्हें, कह रहा है कोरोना

भूल कोई तुम करो, वार झट से मैं करूं
ताक में रहता सदा, कह रहा है कोरोना

वार कोई तब करेंगे देख पाएं गर उसे
सांस की डोर थामे डोलता है कोरोना

तोड़ उसका ढूंढने को पालते हम उसे ही
बच निकलने की सूरतें ढूंढता है कोरोना

मेहमान नवाज़ी का शौक भारी पड़ गया
अब न जाऊं मैं कहीं कह रहा है कोरोना

आजकल कुछ ऐसा चलन हो रहा है

कि अक्सर घरों में बंद

हवा की घुटन से

भिनभिनाती आवाज़ों से

सुगबुगाती सांसों से

छुटकारा पाने को

हम उतर आते हैं सड़कों पर;

निकल पड़ते हैं

दूर क्षितिज की ओर

अपने हिस्से के कुछ पल ढूंढने को।

गहराता अंधेरा अपनी कूची से

अनोखे चित्र बनाता है

किसी के हिस्से में आता है खंडर

किसी के सामने होती है

तालाब पर झुकती, लहराती

पुराने पेड़ की शाखें

तो कोई पाता है अपना सा लगता खालीपन।

हवाओं में ठहरता है सन्नाटा
और सन्नाटे में तैरता है
सरसराती, फुसफुसाती और कभी खिलखिलाती
आवाज़ों का सम्मोहन;
धीरे - धीरे उभर आती हैं परछाइयां
खंडर की खिड़कियों पर
खुले दरवाज़ों पर,
लहराती हैं
पानी पर झुकती डालों पर
तैरती हैं हवाओं में
और नाचने लगती हैं वीरान सड़कों पर।

फहराते पैरहन के कोटरों से झांकती
चमकती, सुलगती आंखें
उन अशरीरी सायों से निकल
हमें चीरती चली जाती हैं
शरीर में एक ठंडी सिहरन भर जाती हैं।

इस सिहरन को थामे
हम लौटते हैं
उन्ही वीरान रास्तों से
उन्ही घरों को
जिनसे छुटकारा पाने निकले थे
देर शाम को।

हर खिड़की, हर दरवाज़े पर

जलते दीए

सुलगती आंखों से लगते हैं,

सिहरन

हमारे शरीर को चीरकर

फ़िर हवा में घुल जाती है,

अशरीरी साए

ख़ुशी से नाचने लगते हैं

मानो कह रहे हों

कैसे छुटकारा पाओगे अपनी परछाई से!

स्नेह, सबको बांधता है।

शबरी का झूठा बेर भी
राम को पक्वान भासता है
स्नेह, सबको बांधता है।

वर्ष चौदह पहरे पर
लखन लला रात जागता है
स्नेह, सबको बांधता है।

पादुका धर सिंहासन पर
भरत स्वयं वैराग्य पालता है
स्नेह, सबको बांधता है।

भगिनी का संताप, विलाप
दशानन को भी सालता है
स्नेह, सबको बांधता है।

जनक सुता की खोज में
वानर भी वारिधि लांघता है
स्नेह, सबको बांधता है।

शोकव्याकुल जानकी को
त्रिजटा का आंचल लाभता है
स्नेह, सबको बांधता है।

गिलहरी का कंकर भी
सागर पर सेतु बांधता है
स्नेह, सबको बांधता है।

हो गई स्कूल की छुट्टी।

बस्ते से कुट्टी
पढ़ने से कुट्टी
मस्ती से हो गई मिट्ठी
हो गई स्कूल की छुट्टी।

देर रात सोएंगे
देर तलक सोएंगे
मम्मी कहती, है छुट्टी
हो गई स्कूल की छुट्टी।

सामान बांध अपना
कर ली है तैयारी
पापा ने भी ली है छुट्टी
हो गई स्कूल की छुट्टी।

पापा की गाड़ी में
जहां तहां घूमेंगे
जब तक रहेगी ये छुट्टी
हो गई स्कूल की छुट्टी।

स्कूल हमारा बड़ा निराला
सुबह - सबेरे रोज़ बुलाता
आओ, आओ, दौड़े आओ
ईश वंदना सब मिल गाओ।

फिर अपनी कक्षा में जाते
हल्ला - गुल्ला ख़ूब मचाते
ज्यों ही टीचर अंदर आतीं
सारे इकदम चुप हो जाते।

कोई आए, इतिहास पढ़ाए
कोई गुणा - भाग सिखाए
कोई देश - विदेश घुमाए
कोई चित्रों में रंग भरवाए।

 डॉ. अनु सोमयाजुला

खाने की छुट्टी होते ही
सारे अपने टिफिन खोलते,
जो भी होता चट कर जाते
मिल बांट कर मौज मनाते।

पढ़ने के संग खेल ज़रूरी
कहते पी टी टीचर हमसे
कभी झूलते, कभी दौड़ते
और कभी फुटबॉल खेलते।

फ़िर बजता घंटा टन टन
होती यह छुट्टी की धुन,
कल मिलने की बातें करते
अपने अपने घर को जाते।

राजा है

राज - पाट है

ठाट - बाट है

फ़िर भी, राजा उदास है।

संचित

पुण्यागार है

धन का भंडार है

फ़िर भी, राजा उदास है।

दाता है

खुला हाथ है

देने की साख है

फ़िर भी राजा उदास है।

सेवा में
मंत्री गण हैं
संत्री गण हैं
फ़िर भी, राजा उदास है।

मुखौटे में
जयचंद पलता है
टूटता विश्वास है
इसी से, राजा उदास है।

सन्नाटा
शब्द तोलता है
कोई न बोलता है
इसी से, राजा उदास है।

सिंहासन
डोलता है
मौन बींधता है
इसी से, राजा उदास है।

कुछ फेरे या
सप्तपदी के कुछ पग
दूल्हे के आगे
होकर चलने की
चलो दुल्हनिया रीत बदल दें।

लाई के दाने
आंगन में बिखराने की
मां का आंचल बिसरा
पी संग जाने की
चलो दुल्हनिया रीत बदल दें।

चूड़ी, कंगन
सिंदूर की दहकी रेखा
पायल, बिछिया
इन गहनों की रीत पुरानी
चलो दुल्हनिया रीत बदल दें।

घुटने की
हर हालत में चुप रहने की
आंसू पी कर
मर्यादा में जीते जाने की
चलो दुल्हनिया रीत बदल दें।

अनचाहे
रिश्तों को ढोने की
जीवन धारा में
कच्चे घट सा बहते जाने की
चलो दुल्हनिया रीत बदल दें।

राहों में खो जाने पर

खेलों में लग जाने पर

रानी परी हाथ थामती है।

निंदिया के ना आने पर

सोते में डर जाने पर

रानी परी हाथ थामती है।

मां की यादों में खोने पर

उदास मन के रोने पर

रानी परी हाथ थामती है।

प्रॉम्प्ट २८

कभी कभी सोचते हैं
कितना अच्छा होता
रोज़ खेलते हम होली
रोज़ मनाते दीवाली।

कभी कभी सोचते हैं
रोज़ अगर छुट्टी होती
दिन भर रहते खाली
रात मनाते दीवाली।

कभी कभी सोचते हैं
सारे घर में सोए रहते
रस्ते हो जाते खाली
ख़ूब मनाते दीवाली।

जन्मदिन आज मनाना है।

दादा - दादी आएंगे
नाना - नानी आएंगे
पापा - मम्मी संग घर
गुब्बारों से आज सजाना है।

कपड़े होंगे नए - नए
दोस्त सभी आएंगे
सब से लाड़ लड़ाएंगे
हो हल्ला आज मचाना है।

केक भी हम काटेंगे
ख़ूब मिठाई खाएंगे
रंग बिरंगे तोहफ़ों से
कमरे को भी भर जाना है।

प्रॉम्प्ट ३१

महकता कत्थई आंचल

लिपटता है जिस्म से

न उतारे जा सकने वाले पैरहन की मानिंद।

रेशमी छुअन

सींचती है सांसों को

लुभाती है रूह को

डोलता है मन

इबादत में डूबे दरवेश की मानिंद।

जलता है

अंदर बाहर पल - पल

अघोरी के हाथों में थमी धूनी की मानिंद।

धुआं धुआं

ज़िंदगी फिसली जाती है हाथों से

दिन ब दिन

मुट्ठी में बंद रेत की मानिंद

www.ingramcontent.com/pod-product-compliance
Lightning Source LLC
LaVergne TN
LVHW051508170726
843492LV00002B/846